PRE TEXTOS

15

MASSIMO CACCIARI

PRE TEXTOS 15

Massimo Cacciari
Gerar Deus
Generare Dio
© Società editrice Il Mulino, 2017
© Editora Âyiné, 2021
Todos os direitos reservados

Tradução: Omayr José de Moraes
Edição e Revisão Técnica : Emanuel França de Brito
Preparação: Francisco Innocêncio
Revisão: Leandro Dorval Cardoso
Projeto gráfico: Luísa Rabello
Fotografia de capa: Diambra Mariani (*Rossella*, 2021)
ISBN 978-85-92649-91-3

Âyiné

Direção editorial: Pedro Fonseca
Coordenação editorial: Luísa Rabello
Coordenação de comunicação: Clara Dias
Assistente de comunicação: Ana Carolina Romero
Assistente de design: Rita Davis
Conselho editorial: Simone Cristoforetti,
Zuane Fabbris, Lucas Mendes

Praça Carlos Chagas, 49 — 2º andar
30170-140 Belo Horizonte, MG
+55 31 3291-4164
www.ayine.com.br
info@ayine.com.br

MASSIMO CACCIARI

Gerar Deus

Tradução de Omayr José de Moraes

Âyiné

SUMÁRIO

Nome: Maria — 9
"Deus amadurece" — 15
Maria medita — 25
A sombra — 29
O infante — 35
"Está fora" — 41
A Cruz de Maria — 45
As eleitas — 59
Sophia — 73
A idade do filho — 81

Caderno de imagens — 85

I.

NOME: MARIA

O ícone de Maria *torna-se;* é acompanhada pelo ícone do Filho e, mais do que este, parece subtrair-se a toda tipificação abstrata. Que nome dar a essa dulcíssima e dolente jovem que parece nos convidar a participar da respiração de seu menino adormecido? É a partir dessa imagem — a *Madona*, de Mantegna, do Poldi Pezzoli — que se inicia o nosso caminho. Ela é *aquela-que-gera,* a Mulher que gerou o Filho e, no entanto, é também aquela que o esperou, que o gera sem conhecê-lo, que o procura sem encontrá-lo, que o encontra e o perde, a que chora por ele e o reencontra ou espera reencontrá-lo. Ela é a mulher em cujo ventre *humilis* cumpre-se o primeiro ato da *kénosis* do Senhor; a mulher que é sinal da plenitude dos tempos, porque, se agora é que o Senhor enviou seu próprio Filho, *plenitudo temporis* é *esta hora mesma*

(Gl 4,4-5). Sinal, então, de poder e de glória que, no entanto, não escondem a angústia que promana das páginas do *Apocalipse*: a mulher que gera o filho é a mesma perseguida pelo dragão, obrigada a fugir para o deserto, perseguida pelo rio imundo que o dragão vomita de sua boca, livre *ao extremo*, como ele é, para enfurecer-se contra os que observam a Palavra de Deus. Os céus exultam porque o *diábolos* caiu, porque aquele que queria separá-los do Senhor foi vencido; mas, no auge da Guerra, a mulher foi obrigada a descer até aqui (Ap 12,1-18). É ela que deve *conduzi-la;* por quanto pareça «pré-julgada», a realidade dessa Guerra não perde um só traço de sua concreta dramaticidade. E a mulher é o eixo em torno do qual os combatentes giram, para se agarrar à sua proteção ou para abatê-la. Em que consiste a sua luta? Em *salvar* o Filho, em conservar seu testemunho. Apenas aquela que o gerou tem esse poder. Eis, pois, que ela o «recolhe» em si e o aponta como o Caminho. E, ao «recolhê-lo», também o estuda, o analisa, sofre com as próprias incertezas junto ao destino dele. Por que morre? Por que ele deve morrer? Por que não vence esse Inimigo? É ele mesmo que quer subir à própria Cruz? É a sua vontade que se cumpre nesse sinal? Sou capaz de vê-lo *alçado* sobre ela?

Seja como for, há algo que parece certo no Ocidente cristão: a meditação sobre Maria se perfaz essencialmente por meio da extraordinária messe de suas imagens. É por elas que a *figura* de Maria chega até nós e, *in primis*, a partir das imagens que veem a *relatio non adventitia* com seu menino; impossível pensá-la senão «encarnada» nelas. Não raro, a Maria dos teólogos não é senão um pálido eco disso. E os filósofos que mais intensamente se esforçaram para interpretar o Romântico, a Europa ou a Cristandade, os Hegel e os Schelling, quase sempre a ignoraram. É de se supor que algumas de suas imagens literárias mais poderosas também derivam do *páthos* suscitado por visões *pintadas* de Maria. Para qual grande ícone os olhos de Dante teriam se *elevado* para que ele pudesse conceber os versos da oração de Bernardo, que o introduzem ao «sumo prazer»? Para qual lutuosa Cruz românica os de Iacopone, para que ele cantasse:[1] «*Figlio, chi tt'à firito? Figlio, chi tt'à spogliato?* [...] *Figlio, l'alma t'è 'scita, figlio de la smarrita, figlio de la sparita, figlio attossecato!*».[2] Talvez as fontes de uma obra literária não sejam apenas literárias, se condensam

---

1   "Filho, quem te feriu? Filho, quem te roubou? [...] Filho, tu' alma fugiu, filho dessa perdida, filho dessa sumida, filho envenenado!" [N. T.]
2   É notabilíssima, porém, a diferença entre as duas "orações", entre o registro vulgar *humilis* de Iacopone e o *sublimis* de

e organizam em si uma completa *visão* de mundo.³ Entre palavra e imagem nunca há uma direta relação «ilustrativa», e, no entanto, especialmente para essa figura, muitas vezes parece que o ícone supera a palavra, e que a palavra, se tanto, reduz-se a mera ilustração do ícone. Por outro lado, qual é o ícone por excelência do pintor evangelista senão precisamente o de Maria com o menino ao seio? Qual *exegese* os seguidores de Lucas fazem desse *primeiro ícone*? Suas pinturas nos permitem penetrar nessa relação? Conseguem manifestar o mistério, penetrar no invisível por meio do visível? Nas páginas que se seguem, traçaremos o percurso de uma fenomenologia do invisível na representação sensível de Maria.

É inevitável, contudo, que iniciemos pelas palavras de Mateus e do próprio Lucas. O nome de Maria aparece, pela primeira vez, na genealogia com que começa o Evangelho de Mateus. Em Paulo, Maria era mulher; em Marcos, «sua mãe»; em Mateus, contudo, José, filho de Jacó, é «o homem de Maria», da

---

Dante. Cf. Piero Boitani, *Il tragico e il sublime nella letteratura medievale*, Bolonha: Il Mulino, 1992. p. 266-267.

3 É nessa direção, colhendo a analogia entre Dante e os grandes autores políticos contemporâneos, que se desenvolve o ensaio de Carlo Ossola, *Viaggio a Maria*. Roma: Salerno, 2016.

qual «*natus est Iesus, qui vocatur Christus*».[4] Note-se: Maria é o quinto e último nome de mulher citado na genealogia de Jesus. Nenhuma das outras mulheres é «mãe» de Israel, e nessa genealogia não figura Raquel, nem Rebeca, nem Sara, a quem Dante, no entanto, fará assentar-se abaixo de Maria (*Paraíso*, XXXII, 8-10). A primeira a ser citada, Tamar, foi repudiada por Er e forçada a se prostituir para ter um filho de Judá; Raab é uma inimiga que a força do Senhor converte para Israel; Rute, a moabita, pertence, para Israel, a uma estirpe incestuosa e maldita, e, mesmo assim, segue Noemi e obedece ao Deus dessa última, ambas atormentadas, como Jó, e reduzidas a uma medida extrema de *humildade*; por fim, há a mulher de Urias, o hitita, Betsabeia, sinal de um dos pecados mortais de Davi; figura silenciosa e passiva, era, diferentemente das outras, uma misteriosa figura de sofredora, oprimida por destinos que não sabe julgar e nem pode impedir. A gênese de Jesus amadurece através dessas mulheres, que parecem estar na soleira da casa de Israel sem ali possuírem raízes profundas, sendo nomes de sofrimento, de êxodo e, ao mesmo tempo, de obediência. Todas foram chamadas a reconhecer o próprio destino, a acolhê-lo em si, a *desempenhá-lo*. Que intenção moveu Mateus a citar essas — e apenas

---

[4] «nasceu Jesus, que se chama Cristo» [N. E.]

essas — mulheres antes de Maria? Mesmo Maria está entre dois mundos, como ponte e sinal de sua diferença. Como Rute, ela ama incondicionalmente; como Betsabeia, sofre a violência dos poderosos; como Tamar, luta para gerar e proteger o que gerou. Momentos humildes, sim, mas também essenciais e providenciais do nascimento do *Christós*. Todas vêm «de outro lugar». Maria vem de Nazaré, nome obscuro da Galileia, afastada da cidade santa de Jerusalém pela maldita Samaria.[5] Compreende-se bem, então, por que a literatura apócrifa, considerando a venerada excelência de Maria, procurará narrar as origens e os sinais premonitórios de sua grandeza. Todas essas mulheres obedecem a uma Voz que é impossível rejeitar, mas será que elas compreendem também seu significado? A fé não apaga nunca de seus lineamentos as marcas da dúvida e da angústia que disso procedem.

---

5   Acerca do significado que assume a miséria dessas origens, cf. o vivaz ensaio de Alberto Maggi (*Nostra Signora degli eretici*. Assis: Cittadella ed., 1988), e também os demais capítulos do presente trabalho, como aquele intitulado "Está fora", e Ortensio da Spinetoli, *Maria nella Bibbia*. Bolonha: EDB, 1988.

II.

"DEUS AMADURECE"

Enquanto João Batista *caminha diante* do Senhor, crescendo no ventre de Isabel, *é feito* o anúncio a uma *parthênos* de Nazaré (cujo nome será entendido como "flor"), chamada Maria. O verdadeiro anúncio não pode ser feito senão a ela; o anúncio feito a José, da casa de Davi, narrado por Mateus, é de uma palidez exangue comparado *à* cena da Anunciação. José sonha; Maria está acordada em sua casa de Nazaré. Um anjo digire-se ao homem; Gabriel, o arcanjo, em todo seu esplendor, apresenta-se *à* mulher. O anjo assegura ao homem que a mulher que lhe está prometida *é pura e, portanto,* ele não deve temer (*mè phobetés*) tomá-la a si. Bem diferente *é o que* se expressa no «*mè phoboû*», que Gabriel dirige a Maria; o temor e o tremor que atingem a *parthénos* diante da saudação de incompreensível elevação:

alegra-te, tu, cheia de graça, o Senhor é contigo. Eu *kecharitoméne*? Comigo, em mim o *Kýrios*? Eis uma *eleição* absolutamente inaudita. Como não ficar alarmado? José pode se acalmar (como Zacarias, vendo atendida a sua oração), Maria não. O que significa ser "cheia de graça"? Nem Zacarias, nem José o são. Que missão isso implica? Gabriel explica: conceberás e darás à luz um filho, ele será grande e será chamado Filho do Altíssimo, o Senhor Deus lhe dará o trono de Davi e ele reinará para sempre sobre a casa de Jacó. Apenas então o *phóbos* da jovem atinge o auge. Eu, a escolhida para dar à luz o Filho? Como, se não conheço homem? Isabel é velha, mas não *virgo*; e o filho que lhe foi dado não é *o Filho*. Mas essa pergunta tem um peso infinitamente mais inquietante e paradoxal: o que significa que Deus está *comigo*? Ele não acompanhou sempre a história de Israel? Que *novitas*, então, anuncia-se? Não é esse ou aquele milagre, responde Gabriel, não são simples eventos extraordinários, mas sim o fato de que *não existe impossível* junto a Deus. É justamente isso que a tua história será chamada a revelar, hás de experimentá-la, quer te tornes consciente dela ou não. O impossível que terá lugar em ti será incomparável até mesmo às outras manifestações que teu Livro testemunha.

Por isso, o temor não diminui, mas aprofunda-se vertiginosamente, no *amém* da jovem mulher e, no entanto, não a faz vacilar: eu sou a *doúle* do Senhor, cumpra-se a tua palavra. Ela não tenta se esconder, como Eva. E assim começa a sua espera, paciente e carregada de angústia.

O *amen* da *doúle* é essencial na "economia" do divino que esses textos já pressagiam.[1] E «*Da quel dì che fu detto "Ave"*» (*Paraíso*, XVI, 34)[2] inicia a nova Era. Se a vida intradivina tivesse se manifestado na carne apenas por força e virtude próprias, essa carne não poderia ter parecido real, e teria se tratado de uma "simples" epifania do divino, já implícita em seu ser Logos. E, se o Sim da mulher parecesse óbvio, um ato necessário, seu ventre se reduziria a um supérfluo repositório daquela mesma epifania. Gabriel não veio dar uma ordem, não determina tarefas a uma serva; é Maria quem escuta e *torna-se obediente* à Palavra dele. Ela bebe de seu cálice, como fará o Filho. Sua obediência não tem nada de simplesmente submisso, quietista. Ela *consegue* querer o querer divino. Só depois de ter padecido o *próprio* sofrimento, deixará

---

[1] Sobre esse ponto, Urs von Balthasar insistiu com especial eficácia em páginas muito belas do seu *Teodrammatica* (Trad. it. Milão: Jaca Book, 1983, p. 295 et seq.).

[2] "Dês que um Anjo surgiu exclamando *Ave*". Trad. de Cristiano Martins (8ª Ed. Belo Horizonte: Itatiaia, 2006, p. 690).

que Deus «decida por ela», como coloca Margherita Porete no *Specchio delle anime semplici* [*Espelho das Almas Simples*].³ Assim, o primeiro movimento, o de perturbação e medo, não é algo que passa e é esquecido, mas uma marca que fica no rosto da jovem, destinado a permanecer até a Cruz, e além. Ninguém a representou e *pensou* de modo mais indelével que Simone Martini (junto com Lippo Memmi) na *Anunciação*, pintada para a Catedral de Siena, e hoje conservada na Galleria degli Uffizi (fig. 1). Bem acomodada em seu trono, pela maravilhosa elegância e leveza da figura, e quase em ato de alçar voo, a jovem enamora o anjo («*innamorato sì che par di foco*»,⁴ *Paraíso*, XXXII, 105) que está ajoelhado diante dela; ao mesmo tempo, porém, ela se retrai perturbada, taciturna, severa. Com a mão, que segura a barra de sua veste, parece a ponto de esconder o rosto, subtraí-lo àquela visão, àquele encontro com o enviado do Paraíso. O anjo suplica; sua palavra é um canto de homenagem e súplica. A Virgem observa, medita e *duvida*. Deve duvidar; o Sim deve brotar da sua mais

---

3   A obra da beguina morta na fogueira da Place de Grève, em 1310, e certamente conhecida por Eckhart, foi traduzida e comentada por Giovanna Fozzer, Romana Guarnieri e Marco Vannini (Milão: San Paolo, 1994).

4   "e tão enamorado é quase fogo?". Trad. de Vasco Graça Moura (São Paulo: Landmark, 2011, p. 875).

profunda meditação. Quem é este? Eu realmente o conheço? Eu o pressentia? É realmente esse o mensageiro profetizado no Livro que eu atentamente lia? Ou é um Lúcifer sedutor, que pretende que eu creia ser a Virgem de que falou Isaías?[5] Cabe à jovem escolher. E a escolha que fará será decisiva. Está em seu poder, no poder dessa pobre jovem, a escolha de conceber aquele que a escolheu. Auden assim colocou em *The Annunciation*: «*child, it lies/ Within your power of choosing to/ Conceive the Child who chooses you*» («menina, está em teu poder conceber o Menino que te elege». Creio que o ciclo «Oratório de Natal» *For the Time Being* [*Por enquanto*], de 1944, constitua o mais alto exemplo de "poesia religiosa" do século xx). "Contragolpe" à decisão de Adão, que «sendo livre para escolher/ escolhe imaginar ser livre», condenando o homem, desde então, a seguir «a sombra de suas imagens». A jovem vence Adão, não por ciência, mas pelo poder de sua escuta. Concebe escutando. E como poderia ter ciência do *impossível*? Como *conhecer* que não há impossível? A fé não é *visio facialis*. Ela não anula a dúvida, mas a vence. Consolida a busca, dá voz ao interrogar, não o elimina; torna-o,

---

5 «"Ave...". O Anjo está ali. Talvez o atroz/ Que seduziu Eva? [...]». Como percebeu Clemente Rebora, é a essa primeira dúvida que responde o "não temer".

assim, tão exigente a ponto de durar até o último dos dias, até o *éschaton*.

A súplica do anjo, que se ajoelha diante da sua beleza, detém Maria; aquela imagem não se desfaz; de início, ela hesita; depois, crê no cumprimento da palavra e acolhe em si o nascimento. A grande mística "iconoclasta" dirá, contudo: o Pai determina que, na alma desnuda, no silêncio mais íntimo, cada um saiba receber a palavra, seu Filho, tal como Ele o gerou desde a eternidade. A força da *imagem* protesta: essa jovem, no entanto, essa *aurora consurgens*, essa figura vivente é o único ventre possível; apenas em seu ventre o Logos podia fazer-se carne real, como a do menino que salta dentro de Isabel na *Visitação*, tão logo percebe a realidade do outro que cresce em Maria. A *Visitação* é uma cena central: as mulheres se encontram, se confortam e se consolidam na consciência do *poder* de sua *humilitas*. Elas são o fator essencial do que aqui *se revela*; são as protagonistas do drama. Sua obediência é um poder consciente, a si mesmas obedecem, ao obedecerem aos filhos que se agitam em seu ventre, anelando a luz do futuro encontro («A graça e a verdade se encontraram», como está escrito em *Pistis Sophia* 62,1). Com paciência comedida e grandeza, como testifica Pontormo no retábulo de Carmignano, prenhes como é pleno o tempo que vivem, elas *co-mensuram* as próprias obras, os filhos que só nelas podem amadurecer. A teologia especulará de vários modos sobre suas diferenças, instituindo entre essas uma ordem hierárquica. O que realmente importa, no entanto, é, mais uma vez, a *imagem* que expressa plenamente o *símbolo* que, juntas, elas representam. O *Magnificat* pode irromper apenas após esse mútuo reconhecimento, não depois das palavras do anjo, mas por força do encontro *entre as duas mulheres*; quando houver o palpitar, o movimento de João Batista no ventre de Isabel, testemunha da *bondade* do fruto que Maria traz no seu. «Gott reift», diz Rilke no primeiro livro do *Stundenbuch*, «Deus amadurece»: onde amadurece, quem o leva à completude? O ventre dessa jovem em seu quarto nu? Só então as promessas dos profetas assumem também seu real significado: o Senhor não esquece seu ser misericordioso, Ele realmente exalta os humildes e enche de bens os famintos.

Bem-aventurada será chamada a *parthénos* a partir de então, grande, forte, santo será o seu nome; uma coluna, uma *torre* é a sua figura, como na *Anunciação* de Piero della Francesca, em Arezzo (fig. 2), na qual parece ser ela a abençoar o anjo que se curva à sua frente, enquanto o velho pai verte, do alto, todo seu poder. Mas, no ícone do Ocidente, essa figura permanece inseparável das outras; a jovem nunca se transforma em «invencível guia de legiões», guia de sabedoria e iluminadora dos sumos mistérios, como na hinologia oriental.[6] É preciso ver *in unum* a *Anunciação* de Piero com as de Fra Angelico: a de Cortona, em que a *humilitas* da jovem responde ao anjo (a mais magnífica das aves do Paraíso, que fala a Maria como que a instruí-la com os indicadores de suas mãos), absorta em leitura até aquele instante, quando passa a olhar com confiança para tais palavras como que as estreitando ao seio; e especialmente a da cela de San Marco (fig. 3), em que silenciam o esplendor das vestes (fig. 4), a elegância das arquiteturas, o verdejar do prado, símbolo paradisíaco, para dar lugar apenas ao colóquio entre as duas almas nuas, a do anjo e a de Maria: o primeiro, erguido; a segunda, de joelhos, mas certamente não prostrada, tendo as mãos ao peito em uma postura semelhante, de recíproco e virginal acolhimento. Recolhida na cela de sua alma, a jovem não perde nada de sua própria realidade terrena; é o anjo, talvez, que a adquire ao

---

[6] Síntese de suas razões é o grande *Hino akáthistos*, do século VI. Sobre o conjunto dessa literatura, veja-se a antologia *Maria*, organizada pela Comunidade de Bose (Milão: Mondadori, 2000).

encontrá-la. Na soleira, o frade testemunha o evento; a *parthenos* a quem se fez o anúncio é hospede quotidiana de seu mosteiro, e sua presença *fecunda* seus trabalhos e orações. É a Maria que o Ocidente pinta *mil caminhos*. E assim também a descreve o Rilke de *Stundenbuch*, mesmo sendo peregrino na Santa Rússia («Assim também foi amada a/ eleita para dar frutos, a tímida,/ transbordante de temor, a moça procurada na casa,/ a jovem em flor, a oculta,/ aquela que abriga em si mil caminhos»). (Qual Madona Rilke via ao compor esses versos? Decerto, muito mais intensamente as de Veneza e a de Castelfranco, pintada por Giorgione, que as essências espirituais do ícone russo). Nos idiomas do Ocidente, ela é *cheia de graça* essencialmente porque prenhe de formas e vias, porque apenas peregrinando por elas é que lhe é dado florir. Caminhos terrenos, sempre, assim como é de carne o seu menino.

III.

MARIA MEDITA

Está escrito, porém: ninguém conhece o Filho senão o Pai. E a mãe, que o contém em si? Ela, que acolheu em si o destino quando consentiu gerá-lo? Poderia não lhe compreender a essência? Ou a compreende diferentemente do Pai, segundo uma forma que só a ela pertence? Vimos que o «*mè phoboû*» não significa "tranquiliza-te, assegura-te, pois não duvidarás nem sofrerás mais", mas sim "não fujas, Maria", "enfrenta essa Palavra", por mais maravilhosa-assustadora te pareça. Será com esses olhos que Maria deverá compreender sua criança. Seriam precisamente esses olhos os da *verdadeira* compreensão? Após o anúncio de Gabriel, realizado o tempo, um anjo do Senhor revela o evento a outros humildes: hoje, na cidade de Davi nasceu um filho para nós, sobre ele está o sinal do Messias (e repete-lhes a expressão usada para Zacarias e para Maria: «*mè phobeîste*»). Os pastores dirigem-se então ao local indicado e contam a José e Maria as palavras do anjo. Um *thauma* se apossa de todos os que as escutam, maravilha e estupor; Maria, por sua vez, não apenas escuta, mas medita, ela quer entender (*syníemi*) o que ouve, recolhendo-o (*symbállo*) em seu coração. O Sim pronunciado no instante do anúncio revela-se como um Sim a tal meditação. A escuta obediente não conclui o meditar: abre-se para a ele. Mas trata-se de um querer entender que aquela que se exprime no gesto de *symbállein* tem forma particular. O que foi escutado recolhe-se em si, de modo que se torna parte de nós, de modo que dele participamos com o nosso ser, alma e corpo, mente e coração. Não nos é dada outra maneira de *entender* verdadeiramente. Se entender é penetrar no problema que se impõe, então isso não pode acontecer sem que nele se entre, tornando-se parte dele. Recolhê-lo em nós significa nos recolhermo nele. Nós o compreendemos na medida em que somos compreendidos. Ele não se resolve, desaparecendo como tal, em nossa meditação; antes, é nossa própria meditação que não exprime outra coisa que não o desenvolvimento, o articular-se, a *vida*.

Maria medita assim, como que *concebendo*. Ela escutou, recolheu e ora amadurece em si, faz maturar e deixa maturar em si o que recolheu. Para que amadureça e cresça, é necessário que seja protegido. Em vista disso, meditar é também proteger, conservar em si a "verdade" que pertence ao que se escutou e recolheu e que, portanto, não é um produto nosso, não nos pertence. Por mais que consigamos meditar sobre algum problema, nunca poderemos determinar sua proveniência e destino. Concebê-lo é *trazê-lo à luz*, fazê-lo *ek-sistire* em sua plenitude de vida, e seguir com ele pelo caminho que parece indicar, na medida em que formos capazes. Quanto mais a meditação for um ouvinte partícipe do problema que a molesta, quanto mais firmemente ela o conserva e o guarda em si, tanto mais reconhece que a raiz que o alimenta escapa a seus *metra*. Ela sabe que o protege, mas o seu saber não exerce *poder* algum sobre o que protege. É *ontologicamente* humilde para com ele. A concepção de Maria é ícone da *altissima humilitas* do próprio pensar. Mas como? Meditaria o Verbo sem sabê-lo? Ela não compreenderia o significado das palavras proféticas que está a ler no Livro? Como chamá-la, então, *kecharitoméne*? Cheia de graça devido a sua própria ignorância? Cheia de graça porque verdadeiramente capaz de gerar — e gerar é conhecer o que verdadeiramente tem vida própria, o que mostra ser capaz de viver em si e por si. Cheia de graça porque gera o Outro a partir de si, porque isso decidiu para si, porque acolheu e protegeu. Embora compreenda, justamente meditando, o que lhe custará participar da vida de quem concebeu, embora meditando já veja ou intua qual destino deverá compartilhar. Ela sabe desde o início que entender significa *com-padecer* a vida do que se quer conhecer. «*Expectans consolationem*», Simeão é o homem justo que espera o Messias; na soleira do templo, ele o aponta à jovem que quis ser mãe: concebeste um sinal de contradição — *semeîon antilegómenon* — e acrescenta: «uma espada traspassará também tua alma » (Lc 2,35). Espada serão também as palavras que o filho veio anunciar (Mt 10,34), ou um *fogo* que *agora* arde (Lc 12, 49); em um *lógion* do Evangelho de Tomé, lê-se: «Quem está perto de mim, está perto do fogo. Quem está longe de mim, está longe do Reino».

IV.

A SOMBRA

Veremos a seguir como os ícones do gerar se fazem acompanhar pelos do sofrimento; mas, desde já, é necessário tentarmos compor uma imagem mais clara da concepção paradoxal — sinal também de contradição — de que Maria se torna um elemento livre e essencial. Protagonista dessa imagem é a *sombra*. «*Pneuma hágion*» descerá sobre ti e o poder do Altíssimo, «*episkiásei soi*», estenderá sobre ti sua sombra (Lc 1,35). A sombra não indica algo de passageiro, efêmero? Com acentos de tragédia grega, Jó também chamava a condição mortal de sonho de sombra. E *skiaî*, as sombras, os reflexos, as imagens vagas, opõem-se, na linguagem da filosofia, à realidade da coisa. O significado translato do termo como sinal do corruptível (*a sombra da morte*) prevalece também no Antigo Testamento; no entanto, aqui encontramos também a *nuvem* como manifestação do Senhor no relato do Sinai, e é a mesma «*nephéle photeiné*», a mesma *nuvem luminosa* cuja sombra desce (*episkiázein*) sobre Jesus, Pedro, Tiago e João, seu irmão, quando Moisés e Elias apareceram-lhes sobre um alto monte. Aqui também se ouve um anúncio: «este é meu Filho, o mais amado» (Mt 17,5), e aqui também quem o escuta não pode deixar de temer, de ser tomado pelo *phóbos*, pelo impulso de não ouvir, de esconder o próprio rosto, de fugir. Erguido, o Senhor ordena, porém: *mè phobeîste*, como dissera Gabriel à jovem. Surge, portanto, uma nuvem cuja sombra não é fonte de engano e, tampouco, unicamente uma obscura imagem da verdadeira realidade, do *eîdos*, da forma incorruptível. Claro, Fílon pode chamar também suas obras de sombra do Senhor. Aqui, no entanto, não se trata de sua obra, mas de manifestação que ele dá de si mesmo. É Ele *como sombra*, na forma de sombra, que envolve Jesus em si, como antes havia envolvido sua mãe.

Como imaginar, então, uma sombra que não escurece, que cobre sem ocultar e encobre iluminando? Como "projetar uma sombra" sobre algo apenas para manifestar seu esplendor? Há, portanto, uma sombra de morte e uma sombra de vida, ou melhor: uma sombra que dá vida? Uma sombra que anula em si o aparecer do ente, e outra que o torna possível, que o faz existir? E se são duas coisas tão opostas, por que as chamamos pelo mesmo nome? Uma sombra desce sobre Jesus, e eis que, finalmente, os discípulos o veem em sua forma verdadeira, como o Messias. Uma sombra encobre Maria, e o anjo a saúda cheia de graça, bem-aventurada, poderosa na *altissima paupertas* de seu pequeno quarto. Uma sombra envolve Maria, e eis que ela brilha no ouro do ícone. Somente nessa sombra sua natureza se revela. É preciso entender bem o paradoxo: não se trata, aqui, de ver em um sinal, em um nome, em uma coisa a sombra da "realidade" necessária, ou as ideias que a mente elabora como sombras de tal realidade, em si inacessível. Podemos prosseguir *no caminho na linguagem* somente *per umbras*, por imagens que não são mais do que sombras daquela natureza que ama esconder-se em si. É a sombra do Reino bem-aventurado que Dante manifesta (*Paraíso*, I, 23). Podemos entender bem o significado de tal sombra, assim como certamente poderíamos igualmente opor, a tal discurso, que o poder da mente é capaz de compreender a essência da coisa *luce meridiana clarius*. Mas, então, cessa o problema da sombra, já que a fizeram desaparecer, ou torna-se mero sinônimo de ignorância. Aqui, pelo contrário, afirma-se que o próprio Deus se manifesta como *sombra iluminante*, que justamente sua *onipotência* se faz sombra e, apenas à sombra dessa sombra, a coisa se revela na própria realidade.

É preciso imaginar uma sombra que não remete a um corpo, do qual seria uma *ancilla* passiva. Portanto, uma sombra que a tudo compreende em si, *ab initio*, que precede toda forma ou figura e que a todas dá lugar em sua amplitude. Se não fosse essa sombra a iluminar, a pura luz engoliria todo aparecer. A luz divina não anula, em si, justamente porque é nuvem, sombra ela mesma. Dando sombra, as coisas a refletem, são sua verdadeira imagem. É pela sombra que as coisas assumem figura concreta, que o seu aspecto se define e se faz possível representá-las, pintá-las. As coisas estão à sombra uma da outra, reciprocamente fazem sombra com seu próprio existir. A luz encarna-se na sombra. Sem esse primeiro momento, imanente à própria Luz, nada poderia se manifestar, nenhuma figura poderia assumir a concretude terrena. Talvez tenha sido Orígenes, nas *Homilias sobre o Cântico dos Cânticos*, quem mais profundamente entendeu como a *dýnamis* do Senhor se faz sombra, e como a alma pode recebê-la. A meditação de Maria encontra seu coração justamente em tal nexo. Em

Maria, faz-se carne a *sombra do Senhor*, que é sombra de vida, oposta à de morte. E, contudo, são inseparáveis: a espada profetizada por Simeão está a significá-lo. A sombra de vida impede que a de morte obtenha a vitória, mas não a conseguiria anular. Somente a perfeita luz poderia fazê-lo — mas ao preço de anular também a de vida. Sombra de vida é, portanto, aquela da grande pintura, que, justamente, não se dá sem sombra.

Maria compreende e deixa que a sombra se estenda sobre ela e nela, como um sopro silencioso e leve. Ou talvez seja apenas ao encontrá-la que a Luz se torne Sombra. Talvez seja apenas à sombra de Maria que, finalmente, a luz se faça carne. Aqueles anjos flamejantes, luciferinos, que saltam à vista em certas Anunciações encontram refúgio na sombra da mulher, abafam seu canto altissonante, recordam-se, enfim, que são mensageiros da sombra, a partir da qual Maria tornou-se fecunda. Ela entra em Maria como o silêncio no discurso, como a pausa no canto. À semelhança da luz que atravessa o vidro sem mancha, aquela luz que, já em si, é também sombra, sob cuja sombra desenham-se as coisas, e não um raio violento que queima, penetra a alma sem ferir. «O espírito trovejante do Senhor entrou nela e se fez silêncio», diz Efrém, o Sírio. Apenas em meio ao silêncio entende-se o Verbo. Assim como, na sombra, resplandece a luz. É esta luz *na sombra* que entra nela, esse silêncio da sombra, que significa que, *ab initio*, aquela *dýnamis*, aquele poder que permite a *revelação* do vivente, sua manifestação em formas e figuras que se refletem, entrelaçam-se, fecundam-se reciprocamente, e que podemos *pintar* de diversos modos. A palavra provém do silêncio, como da sombra provém *esta luz* que ilumina e re-vela. Aqui está também o divisor de águas que separa o ícone do Oriente daquele do Ocidente. É como se a pintura da Europa, a terra do ocaso, presumisse sempre a *nuvem luminosa* e tivesse sempre inspiração dessa imagem paradoxal. O grande ícone oriental é nostalgia da luz e a essa quer remontar como a seu próprio princípio; nele, as próprias sombras estão pintadas como se fossem lampejos, cintilações, instantes daquela pura luz; não a fim de encarnar, mas de desmaterializar a figura. No entanto, nenhuma luz poderia permanecer parada em si mesma em face da beleza de Maria, nenhuma poderia resistir ao desejo de ser acolhida à sombra de sua figura.

V.

O INFANTE

Como o Senhor é sombra e apenas como tal pode descer em Maria, assim Ele também é menino, o *népios*, o *infans* que a sombra de Maria protege e no qual medita, deixando-o amadurecer e crescer rumo ao dia. A relação entre os dois (como os dois entraram um na sombra do outro) não é narrada nos Evangelhos e, no entanto, tal relação constituirá o ícone-chave da era cristã. A *philia* que *inseparavelmente os distingue* está destinada a se tornar o *símbolo* decisivo. A dificuldade de entendê-lo é a mesma encontrada no entendimento da sombra. Tal como originária é a sombra que não escurece, encobre ou oculta, mas manifesta e representa, assim também é o menino. Tal como a sombra não remete a um poder superior, do qual não representaria mais do que uma imagem esmaecida, assim o menino *está* na sombra da majestade divina, expressando sua mais íntima essência. Justamente aquele menino é a sombra que entrou em Maria. E o menino é Deus. O infante é logos *pròs tòn theón*, voltado para Deus desde o início. A sabedoria de Deus é como aquele pequeno menino exposto sobre a terra nua na *Adoração dos Pastores*, de Hugo van der Goes, na Galleria degli Uffizi. O *népios* é a revelação das coisas que o Pai mantém oculta dos outros (Mt 11,25; Lc 10,21). São as crianças que Jesus chama para si. E o *paidíon* é o que entrará no Reino. Essas são expressões comuns a todos os Sinóticos: é preciso se fazer criança, criança à imagem da criança. O Reino é apenas seu e de quem souber lutar para conseguir pôr a própria vida *sob sua sombra*. Poderosa é a pobreza da criança, como a *dýnamis* da sombra. E como o silêncio desta, poderosa é a sua *infância*. O que significa que o Reino pertence ao infante, e, portanto, não ao Logos? Qual é a *linguagem* do *népios*? Qual é sua sabedoria? A de não julgar, não dividir, a de *sym-bállein*, a própria sabedoria de Maria, a mais originária de todas as *krísis*, como o silêncio o é de toda palavra. *Kénosis* não indica, então, um movimento mecânico do Pleno ao Vazio, mas sim o manifestar-se, o encarnar-se de uma originária *paupertas* (*pauper-puer*), de uma in-fância incial, de uma nuvem divina. Quem será *méizon*, o maior no Reino? Ei-lo presente, aqui-e-agora: é este menino *tapeinós*, que intercambia a sombra com a mãe, inconcebível sem ela, unidos sem confusão no único e verdadeiro poder: o que torna possível tudo, que tudo permeia de si e plasma sem se fixar em nada, sem que nada o capture, do qual todo *lógos* procede e que nenhum *lógos* é capaz de exaurir.

O ícone do menino, estivesse consciente disso ou não quem o pintou, significa isto: só quem se fizer como ele entrará no Reino, como esse menino que suga o leite da mãe. Imagem escatológica: a condição final, o estado último, será uma festa dos inocentes. Francisco de Assis, portanto, inventa o presépio para significar a eleição dos mínimos, dos humildes. Em muitas imagens ele está segurando o menino, imitando a mãe.

A jovem medita sobre tudo isso, "co-mensurando" o *Verbo infante* que ela agora gerou ao anúncio do anjo. Esse menino *tapeinós* é, portanto, o Filho predileto do Altíssimo, e Maria é chamada a protegê-lo sob essa forma. Mas a espada não se detém e golpeia de muitas maneiras. Trespassa porque, em um, expressa ressurreição e ruína. Trespassa com a dúvida, certamente inseparável da meditação. Contudo, o sofrimento que provoca deriva da própria fé, a fé *ex auditu* que Maria encarna. Ela não protege, por si só, aquele menino. O símbolo que os une se faz necessário, mas não dá vida a uma harmonia entre figuras naturalmente convergentes, destinadas a exprimir *um* significado. No símbolo, a aproximação deles é um movimento infinito, que *salva* sua distância.[1] Essa *proximidade* dolorosa, em que dor e alegria, medo e contentamento constantemente se alternam, continuará até a ressurreição, até a descoberta, por parte das mulheres, do sepulcro vazio; essa proximidade, que pode aparecer na forma da máxima aproximação, como naquela do abandono, constitui o coração pulsante do ícone dos dois, mãe e menino. A mãe sabe que somente, "indo para fora" o filho continuará com ela; esse sofrimento era imanente no anúncio e no seu Sim. Mas ela não poderia compreender o caminho do filho em seu destino último, porque apenas ao filho cabe cumpri-lo; contudo, esse é também o caminho, porque aquilo que decide de sua vida é o que o próprio filho opera. O que decide de sua vida não lhe pertence, mesmo o abrigando em si; até o fim, ela não pode ser nada além de *a próxima* em relação àquilo que está no centro de sua alma.

---

[1] Simone Weil, *Quaderni*, Trad. G. Gaeta, Milão: Adelphi, 1988, v. III, p. 349.

Assim se dá na forma mais autêntica do símbolo: os dois permanecem próximos justamente na contínua tensão, que parece poder separá-los a cada instante. É essa tensão, contudo, que os torna inseparáveis. A mãe aprende isso sofrendo. Quem é minha mãe? «*Quid mihi et tibi est mulier?*» (Mc 3,31; Jo 2, 4). Como podes ter a pretensão de conhecer a minha *hora*? Como podes pensar que a tua meditação tenha me "compreendido"? No entanto, é ela a *cheia de graça*, a que acolheu a sombra, a que cantou o *Magnificat*. Sim — cheia de graça porque agora pode suportar essa palavra, cheia de graça porque assim participa, em verdade *símbolo*, e só ela tão plenamente, no caminho do filho. Sem a energia daquela graça, nunca teria conseguido suportar o abandono — e reencontrá-lo neste. A palavra, o *verbum* do filho, o sentido de seu agir, consiste em se *de-cidir*. Não é o filho que foge da mãe que, com angústia, o procura, nem se trata de ignorância da mãe sobre a missão do filho; a passagem narrada por Lc 2,41 *et seq*. deve ser interpretada de outra maneira. O que a mulher aqui não compreende («e eles não compreenderam a palavra que Ele lhes havia dito», o mesmo verbo *syníemi* tinha sido usado anteriormente para indicar a meditação de Maria) é que o filho não pode ser "compreendido". A espada que deve trespassar a alma é a mesma que o filho deve trazer ao mundo (Mt 10,34), o que soa do modo mais duro na passagem de Lc 14, 26: «Se alguém vem a mim e não odeia (o verbo é explícito: *miseîn*) mãe e esposa e filhos e irmãos e irmãs, e até sua própria vida, não pode se tornar meu discípulo». O Evangelho apócrifo de Tomé manifesta plenamente o caráter paradoxal da palavra, justapondo a «aquele que não odeia...» a expressão oposta «e aquele que não ama seu pai e sua mãe como a mim, não pode se tornar meu discípulo». Eis a verdadeira espada de dois gumes: «o Logos de Deus está vivo, inteiramente em ato e mais cortante do que uma espada de dois gumes; ele penetra juntas e medulas *usque ad divisionem animae ac spiritus* e é *kritikós* (perscruta, julga, *põe em crise*) dos pensamentos e intenções» (Hb 4,12). Estabelecer a diferença, *de-cidir*, e ao mesmo tempo unir. O Espírito é um enlace, mas, ao mesmo tempo, dissocia.[2]

---

2   *Ibid.*, p. 278.

VI.

"ESTÁ FORA"

Encontramos em Mc 3,21 o termo que parece exprimir, do modo mais significativo, a dramaticidade dessa relação entre mãe e filho. Uma cena agitada: Jesus é seguido por uma grande multidão, atraída mais por seus milagres que por sua palavra; são os «espíritos imundos» que se lançam a seus pés gritando, contra a sua vontade, que ele é o filho de Deus. A multidão ao seu redor é tamanha que ele corre o risco de ser esmagado. Pede um barco para escapar; depois, sobe um morro e, por fim, busca refúgio em uma casa, mas novamente a multidão se reúne em torno dele, «a tal ponto que ele e seus discípulos não podiam sequer comer». Então, os seus se aproximam para levá-lo embora; «diziam, de fato, *in furorem versus est*, está fora de si, *exéste*» (em vão, alguns Pais interpretaram cautelosamente essa expressão como um simples «foi-se embora»). Quem disse isso? A multidão? A multidão está em busca de sinais, à sua sofreguidão interessa apenas que um "mago" os produza. Ou foram os escribas, que o acusaram, logo depois, de estar possuído pelos espíritos que Ele expulsava? Decerto que esse é seu julgamento. Mas a exegese desse «*exéste*» pode, porém, limitar-se a descrever de que modo os escribas, vindos de Jerusalém, entendem a experiência de Jesus? Logo depois, não será o próprio Jesus, diante da mãe e dos irmãos, a afirmar que está *fora*? E igualmente *fora* de sua casa a mãe o encontrou no episódio narrado por Lucas. Jesus não está sempre *fora*? Hóspede em toda a parte, nunca em casa. Mesmo os discípulos devem tê-lo dito, ou ao menos pensado: «*exéste*». Claro, pensou a mãe, na angústia de não conseguir encontrá-lo. Jesus não pode ser "retido"; "*noli me tenere*", dirá a Maria Madalena, mas já o havia dito também à mãe, ao longo de toda sua vida. Ele nunca está *aqui*, ressurge sempre de todos os *aqui*: «*surrexit, non est hic*» (Mc 16, 6).

Não se trata de "êxtase", no caso de Jesus. Seu timbre nunca é o do excesso, do delírio. "Sai", seguindo seu próprio caminho, "sai", segundo seu *méthodos*. «Eu sou o Caminho»: o caminho que conduz "para fora", que parece loucura aos que permanecem "dentro", mas não significa mera *aphrosýne*, insensatez, como diria a *sophía* antiga. Mesmo Paulo, o *ek-statikós* por excelência, diz de si mesmo: «que ninguém creia que eu seja *áphron*, insensato» (2Cor 11,16). O da Cruz (1Cor 1,18) é um *lógos* que parece loucura, *moría*, aos quem não creem; contudo, é mais sábio que toda a sabedoria. Esse *lógos* é acessado ao se *sair de* todo o costume doméstico, armados, porém, da lúcida *obsessão* dos profetas. Multidão, escribas, discípulos, todos, enfim, veem Jesus *fazer o êxodo* — uns podem considerá-lo xamã, outros, um endemoniado, mas ninguém, incluindo *os seus*, compreende para onde ele vai, ou entende, no fundo, qual é seu destino. Nem mesmo Maria, a que mais sabe que ignora, mais deseja conhecer, mais duvida e mais parte à procura, e mais se torna consciente de que aquele que busca "está fora", *docta ignorantia*. Irá encontrá-lo? Irá unir-se a ele para sempre? É a cena escatológica que as Coroações da Virgem *imaginarão*: núpcias celestes com o filho, elaborações inevitáveis que a fé vivente desenvolverá, baseada em figuras evangélicas simples e nuas. Mas, para alcançar a condição de *elevada*, seu caminho é de sofrimento, de participação *simbólica* na *kénosis* do filho, ou seja, de participação em seu próprio ir-se, para fora, para longe, em seu próprio *êxodo dela*.

VII.

A CRUZ DE MARIA

Esse é o presságio de Maria enquanto estreita junto a si o menino — e há presságios que revelam mais claramente do que qualquer *visio facialis*. Eles fustigam a jovem que medita nas duas extraordinárias *glykophiloûsa* pintadas por Mantegna, a de Poldi Pezzoli (fig. 5) e a de Berlim (fig. 6). Ao contrário daquela da Accademia Carrara, na qual o rosto de Maria parece sereno, *hilarós*, em um estranho contraste com o do menino, que dirige ao alto um olhar suplicante e sofredor, neste a cabeça da mãe se reclina sobre a do filho, profundamente adormecido. Em ambas, ela o estreita junto a si com ternura; na primeira, acariciando-lhe as bochechas, como se procurasse abrir-lhe a boca para a respiração; na segunda, apoiando a cabeça que deixou de resistir e que parece ter perdido toda a força. Maria *eleoúsa*,

Maria cujo coração é *misericórdia*, no sentido mais dramático que o termo assume na linguagem evangélica (o coração do próximo que *se despedaça* com a visão do sofrimento),[1] e ao mesmo tempo a Maria da doçura, Maria que, de rosto colado com o menino, pressagia-lhe o destino. O filho — envolto em panos que o imobilizam inteiramente, que lhe impediriam, talvez mesmo acordado, qualquer gesto de ternura, até mesmo o de tocar a mãe — dorme aqui um sono que é *figura futuri*. Esse sono profundo é presságio da última hora, esses panos são presságios do lençol no qual será sepultado na rocha; presságio ainda mais vivo e doloroso que aquele da *Apresentação*, de Berlim, em que o menino, embora prisioneiro desses panos, chora em posição ereta, apoiado por Maria. No entanto, nos ícones de Milão e Berlim, o menino parece abandonado no seio da mulher e nem mesmo se dá conta da consolação que dela deveria vir, como se seu destino já estivesse realizado. Pelo contrário, é a mãe extremamente moça quem implora consolação. Parece se perguntar: vem de mim a tua fraqueza?, É minha culpa que estejas

---

[1] Para o desenvolvimento desses temas, posso apenas enviar o leitor a meu "Drammatica della prossimità", in Enzo Bianchi; Massimo Cacciari, *Ama il prossimo tuo*. Bolonha: Il Mulino, 2011.

tão indefeso? O acordo — a *concinnitas* — entre o timbre do ícone da doçura que quer consolar, mas que, absolutamente, não se iluda com ser capaz de fazê-lo, e o do mais dramático abandono forma a extraordinária harmonia desses ícones do Ocidente.

E como poderia consolar Maria? Ela participa e acompanha de longe, tão longe quanto mais intensamente *toca* o filho; e deve perceber mais ainda qual é seu destino, o «*exéste*», quanto mais estreitamente o tem junto de si. Sua ternura não tem nada de sentimental; nem mesmo em Giovanni Bellini, que certamente também não conhece o trágico humanismo donatelliano de Mantegna, as tonalidades do *Cristo morto* da Pinacoteca di Brera ou da *Madona da gruta*, com o menino que jaz *exaurido* sobre o "trono" dos joelhos de sua mãe, a qual, por sua vez, está mestamente assentada sobre um trono de rocha dura que a chuva, o vento e o homem escavaram e feriram. Límpida, uma desencantada resignação pervade o colóquio dos dois, imaginado por Bellini. Na *Madona com o Menino*, da Pinacoteca di Brera (fig. 7), ambos têm a mesma expressão cansada, completamente introvertida, que encontramos na *Madona com o Menino que abençoa*, da Galleria dell'Accademia (fig. 8). No primeiro ícone, os braços do menino, apoiado pelo terno abraço da mãe, pendem para baixo, quase sem força, prefigurando a *Pietà*; sua mão segura com dificuldade a maçã, fruto da desobediência que Maria remediou. No segundo, o menino está erguido sobre um pedestal de madeira, posto diante de Maria, e tem um olhar de pureza cristalina fixo para frente, no próprio destino, abençoando com a mão direita levantada. Mas um olhar tão mesto revela que o menino é o mesmo, e que o ícone significa *infância da dor*. Abençoa misericordioso, isto é, com o coração já trespassado. Nenhuma tristeza, e muito menos melancolia; são *imagines agentes*. Mas o seu agir é o da Cruz. Com veemência, vêm à mente os versos de Auden, que Maria mesma pronuncia: «Meu pequeno, dorme./ Sonha. Nos sonhos humanos a terra ascende ao céu/ onde ninguém precisa rezar nem se sente só./ Nas tuas primeiras, poucas horas de vida aqui embaixo,/ já escolheste qual deve ser a tua morte?/ Quão cedo hás de iniciar a Via da Dor?/ Sonha enquanto ainda podes» (*A Christmas Oratory. At the Manger*).

Bellini vela o drama que Mantegna descobre, assim como a mão de sua Madona esconde pudicamente o sexo do menino que abençoa. Véu muito sutil e frágil. A *Madona em trono*, da Galleria dell'Accademia, tem, sobre os joelhos, um menino que, em seu sono, já é o presságio da própria deposição. Mesta adoração. De modo semelhante, isso ocorre na maravilhosa *Madona do prado*, da National Gallery. A esperança que colore inteiramente a natureza ao redor não consegue silenciar a sombra da morte que também se expande sobre essas figuras. O que dão é vida e, mesmo assim, o que sofrem é uma pena até a morte. E que assim devem ser entendidas é o que mostra a *Pietà* da Accademia (fig. 9). Nessa, a jovem tornou-se idosa, «rainha dos aflitos», como a viu Manzoni em *La passione*, e agora o corpo do filho deposto sobre os joelhos é o do Crucificado. Posturas e gestos remetem de um ícone a outro, formando harmonias dissonantes. O rosto de Maria continua a meditar em sofrimento; suas lágrimas são o único espelho em que a Cruz do filho poderia se refletir sem ser traída em nada. Seja como for, é impossível qualquer ícone "triunfal", é impossível uma glória que anule esse jogo originário da sombra. A majestade do Oriente, o Trono da *Theotókos*, com o Cristo firmemente plantado no centro de seu peito, perfeita relíquia na urna de seu seio, não pode ser imaginado na Terra que se dirige ao poente. Em vão procuraremos também uma Maria sacerdotisa, mestra dos mistérios; encontraremos apenas Maria absorta em leitura, junto ao filho, que parece voltar-se para ela a fim de ouvir-lhe a voz, como em um estupendo Botticelli da Poldi Pezzoli.

As imagens da *potência* de Maria, *omnium patrona*, de Maria que capitaneia, vitoriosa sobre o dragão, existem certamente também no Ocidente. Assim como existem imagens do menino sentado, qual um pequeno Hércules, sobre o *trono* da mãe (como na *Madona* de Masaccio, na Galleria degli Uffizi). Contudo, são traços que devem sempre ser combinados, inclusive se tratando do mesmo pintor, com os traços do sofrimento meditado, do triste preságio, do enraizamento terreno que já observamos. Os ícones da Madona, mesmo os mais "triunfais", não correm o perigo percebido pela Reforma em alguns aspectos da teologia católica, a saber, o de conceber Maria como autêntica *corredentrix*.[2] Ela pode ser retratada como uma *rocha* majestosa, em Masaccio ou Piero della Francesca, mas o seu *padecer* é sempre imperturbável; em nenhuma situação ela é tão firme quanto *no* padecer. É *potência humilde*. Se sua imagem muitas vezes foi a de alguém que infunde o espírito do Senhor no

---

2   Para a discussão entre Reforma e teologia católica em torno desse problema decisivo, cf. Bruno Forte, *Maria, la donna icona del mistero*. Milão: San Paolo, 1989. Mas pode-se certamente afirmar de modo geral, segundo algumas páginas particularmente significativas de Oswald Spengler sobre o nosso tema, que a Reforma eliminou o culto mariano.

coração de quem escuta, isso se dá mediante uma silenciosa pregação; ela *mostra a si*, mostra aquele simbólico pertencimento ao destino do filho, sobre cujo sentido nos detivemos longamente. Ela não redime, não salva por conta própria, jamais poderia presumir tanto de si mesma; ela apoia e ajuda na economia da salvação, como apoia o menino e, ao fim, depõe-no. Crucificado sobre o próprio ventre. Sua pregação é súplica. Súplica vivente: «Suplicava ela, suplicava,/ e, enquanto isso, suplicada por sua própria súplica» (M. Luzi, *Viaggio terrestre e celeste di Simone Martini*). No fundo, até mesmo o grande canto de Dante a imagina assim. É verdade que a mulher aparece ao centro de uma sublime majestade, imperatriz do coro dos sumos espíritos, e parece — lendo-se o poeta — contemplar, como sugerem Duccio ou Simone; no entanto, as primeiras palavras de «santa oração» de Bernardo remetem *à sua altissima paupertas*; a magnificência da Senhora é feita de misericórdia e piedade, e seu amor é fonte de *esperança* aqui em baixo. Para que a esperança não se esmoreça na terra, ela reza: essa é a verdadeira graça que concede. Parece-me que assim também devem ser entendidas certas palavras que poderiam nos fazer pensar em algum tipo de onipotência («*Ancor ti priego, regina, che puoi/ ciò che tu vuoli...*». *Paraíso*, XXXIII, 34-5),³ e que certamente contradizem *radicitus* a mariologia protestante. A ela resta nos armar, para que suportemos com esperança os sofrimentos que ela mesma padeceu. Imagem exemplar de *paciência*. Embora não possamos dizer que a Augusta dos mosaicos de Bizâncio e Ravenna tenha sido transfigurada ao *se encarnar* na espiritualidade franciscana, é, contudo, aquela mulher *cheia de misericórdia* que, por primeiro, se move em auxílio do poeta perdido. Imagem daquele *Regnum Caelorum* que «violenza pate da caldo amore» (*Paraíso*, XX, 94).⁴

Nenhuma majestade poderia ocultar em sua luz o ícone da jovem que acolhe em si, doce e dolorosamente, o menino que já parece ter outro destino. A jovem não sabe, mas pressente o abandono. O menino que ela acaricia e ampara prefigura o itinerário que ele deverá suportar e que ela terá de compartilhar a distância, até o momento em que poderá tê-lo novamente no colo, e que será o da deposição. O anjo flamejante não havia anunciado o Reino? E ela não havia sido chamada para proteger

---

3 "Inda peço, rainha, por benesse/ pois podes o que queres (...)". Trad. Moura, op. cit., p. 883.
4 "a violência há de/ sofrer de quente amor". Trad. Moura, op. cit., p. 771.

a sua primícia? O rosto da jovem a mostra como sem poder fazê-lo. O gesto com que acolhe em si o menino assemelha-se ao de um adeus. No infante de que está a cuidar, percebe o sono do sepulcro. Ambos obedecem a esse presságio, e seus rostos, seus olhares, seus corpos, ao se tocarem, se entrecruzarem, e, por vezes, se evitarem, dão vida ao mais dramático dos símbolos. A jovem e o menino que acabou de gerar já trazem, em si, a imagem da Anciã e do Crucificado; e, ao mesmo tempo, Maria *sobre a Cruz* é memória daquela jovem que Mantegna viu inclinada sobre o menino indefeso, como a assumir para si o destino dele com um suspiro.

O sinal de Maria é, pois, o da perfeita *com-paixão* (e isso vale também para o canto de Dante), do instante do nascimento do filho ao momento da Cruz. Nenhum santo ou mártir pode ter sofrido como ela. Ela reviveu na carne a *kénosis* divina: gerou o filho do Altíssimo, que fez seu êxodo dela até a morte mais maldita. E somente na morte o reencontrou, somente ali se uniu perfeitamente ao filho. Mais uma vez, é a mística franciscana a nos fornecer a imagem mais vívida, de Iacopone a Pietro di Giovanni Olivi: a glória de Maria consiste em ser *crucificada*. *Via compassionis* infinitamente mais que *via pulchritudinis*. O sofrimento a esmorece, mas não a petrifica como uma Níobe («estou rígida, assim como uma pedra em seu íntimo», tais foram suas palavras de acordo com Rilke, em *Das Marien-Leben*). No grande retábulo de Roger van der Weyden, no Museo del Prado (fig. 10), seu corpo cai, sendo apoiado com dificuldade por João e por Madalena; cai com o mesmo ritmo da "descida" do filho, que José de Arimateia e Nicodemos depõem da Cruz, e parece antecipar o retorno dele à terra nua; sua mão esquerda toca a direita daquele que tem o cruel sinal do cravo. Maria aqui é jovem, como nos ícones com o menino, verdadeira irmã do filho. Mais do que semelhante a ele, é *uma só carne* em tudo; Orígenes, nas *Homilias sobre o Gênesis*, expressa a *relatio non adventitia* entre ambos: «se tornei-me uma só coisa com Ele, com uma morte semelhante à sua, mostro que sua aliança está na minha carne». O tempo *chrónos*, o tempo-seta, destrói-se pela simultaneidade que apenas a imagem, a *música* da imagem, permite: a jovem Maria sofre a pena do parto. Foi *trespassada* por essa morte, como tinha sido (mas disso não tínhamos imagens!) no instante em que o gerara. Deposta da Cruz com o filho, ela novamente o dá à luz. Rebora canta: «tudo são dores de parto:/ como morrer para que a vida nasça! [...]/ vida que o amor produz em pranto».⁵ Não um selo da idade monástica, não uma figura que contrasta com a vida representada por Marta, como queria a profecia joaquimita,⁶ mas um ícone, ela própria, em todos os rostos que assume, do *Deus patiens*. Aquele que *agora* traz à luz, porque nessa precisa hora ela realmente dá à luz, nessa precisa hora ela *desce ao fundo*. Nascimento e Cruz tornam-se, assim, para ela, um só instante.

Contudo, a mulher que chegou aos pés da Cruz, ou melhor, que nela subiu com o filho e agora é deposta com ele (como van der Weyden viu com exatidão flamenga), entende então, ao contrário da jovem, o drama que se exprime nessa simultaneidade. A mulher alcançou o termo da experiência que a obriga agora a reconhecer no seu ato de gerar aquele mesmo ato da Cruz. Isso ela o indica, com severa determinação, na *Trindade* de Masaccio, na igreja de Santa Maria Novella (fig. 11). Eis a perfeita

---

5   Se considerarmos realmente *o pensamento* contido nessa pintura, não seria possível concordar completamente com o que Nadia Filippini diz em seu belo livro *Generare, partorire, nascere* (Roma: Viella, 2017), a saber, que o parto «na construção teológica da virgindade de Maria» sofreria uma verdadeira remoção.

6   Cf. Gian Lucca Potestà, *Il tempo dell'apocalisse: Vita di Gioacchino da Fiore*. Roma-Bari: Laterza, 2004, p. 303.

mártir: ela estava ali, presente. Ela testemunha tudo. Esse é seu martírio. Depois, terá morte de causa natural, como dizem as lendas, mas sua verdadeira morte já tinha ocorrido aos pés da Cruz, parte da Cruz. É a extrema e insuperável imagem da *odegétria*, da mãe guia e sinal, uma anciã amadurecida na dor, que Masaccio coloca ereta, inabalável como a coluna que está ao fundo, que sua figura esconde até quase a altura do capitel. Ela está aos pés da Cruz, firme, atenta, e nos "apresenta" o filho que João, por sua vez, contempla em oração. Construção absoluta, necessária, de uma monumentalidade que contradiz toda ênfase. Fora do espaço sacro, estão os comitentes; depois, no limite da grande sala ou capela abaulada, figuram Maria e João, dispostos sobre o mesmo plano da Cruz. Atrás está o Pai, que se eleva sobre um pedestal projetado da parede de fundo; suas mãos se estendem para adiante, sustentando, por inteiro, o lenho horizontal da Cruz. Uma sinfonia *trinitária* coliga espaços, figuras e rostos. O triângulo ao centro da imagem inscreve a figura do Cristo e tem justamente como base o lenho horizontal da Cruz. Igual, mas invertido em relação a este, está o triângulo, que tem como base o pedestal em que o Pai se ergue, e que harmoniza o rosto dominante de ambos com os de Maria e João, ainda dispostos, como vimos, em diferentes planos. Tudo, enfim, está incluído no grande triângulo que tem como vértice o fecho do arco de entrada e os comitentes, o sacro e o profano. Nada oculta a imagem que está no centro do *naós*; nenhum obstáculo lhe impede o acesso. Na soleira, Maria nos convida a entrar, a seguir João sem temor em direção ao mistério que ele contempla. E o Pai, por sua vez, protende-se "para fora", mas com uma postura tão firme que deixa quase imperceptível o evento extraordinário que se cumpre com seu gesto. A "bela perspectiva" expressa toda a *profundidade* da cena e, ao mesmo tempo, nos permite abarcá-la com um olhar. Cada elemento está em sua perfeita "forma" e no lugar que lhe foi destinado *ab initio*, parecendo possível dizer: "antes da criação do mundo"; todas as coisas estão representadas na mais perfeita unidade do conjunto. No entanto, ali *está* realmente a Cruz, o evento real; o sofrimento dos anos está realmente inscrito no rosto de Maria, rosto que parece contraído, como se já tivesse sofrido demais para ainda conseguir chorar; o Pai revela, na expressão dos olhos e da boca, a força de seu *com-padecimento*. Estamos em face do "milagre" de um *padecer imperturbável*. De uma dor vista *sub specie aeternitatis*, "a salvo" de qualquer tendência ao patético, da dor não sofrida, mas enfrentada e reconhecida com toda a energia de que mente e alma são capazes. Assim, essa imagem *pensa*: a *ficção* suprema da consonância entre ordem geométrica e representação do sofrimento. Ela *pensa* a Trindade não como superação da Cruz, mas como sua afirmação; portanto, não pode pensar a economia divina senão *na sombra* da relação entre o filho e a mãe.

VIII.

AS ELEITAS

O poder deste ícone afirma-se *apesar* das lendas narradas pelos Evangelhos apócrifos sobre a natividade e a vida de Maria.[1] É a jovem abençoada desde o ventre materno, criada no templo como uma pomba, nutrida pela mão dos anjos, consagrada desde sempre ao nascimento do Senhor, confiada à custódia do bom José — como pálidas imagens sentimentais, qual *Schwärmerei*, em relação àquilo que Masaccio e Mantegna, Piero·della Francesca e Giovanni Bellini compreenderam acerca da mulher! Claro, a figura sacerdotal-sapiencial de Maria assume um relevo que vai muito além do

1   Cito os *Apócrifos do Novo Testamento* segundo a edição de Luigi Moraldi (*Apocrifi del Nuovo Testamento*. Turim: UTET, 1971) e os *Evangelhos gnósticos* e *Pistis Sophia,* de acordo com as edições preparadas pelo mesmo Moraldi (*I Vangeli gnostici*; *Pistis Sophia*. Milão: Adelphi, 1984 e 1999).

obséquio popular e se conecta a motivos profundos da especulação gnóstica sobre o mistério cristão. É em escritos como o *Pistis Sophia* e o *Evangelho de Maria* que a figura feminina, aquelas que Jesus *tinha amado acima de todos os outros*, eleva-se a *magistra* em relação aos discípulos "ministros". É um primado que Pedro não suporta «porque as mulheres não são dignas da Vida» (*Evangelho de Tomé* 114; e, ainda mais duro, em *Pistis Sophia* 36,1: «Senhor, não podemos suportar essa mulher; ela não deixa que nenhum de nós fale, é sempre ela que fala»), mas que o próprio Jesus reconhece com a máxima energia. As mulheres (com o predileto João, por elas prontamente adotado em seu "coro") são as primeiras a interrogar, bem como a fornecer as interpretações fundamentais das palavras de Jesus e das *revelações* que as acompanham. Maria, a mãe, é por esse motivo solenemente declarada beatíssima em *Pistis Sophia* (I,59), e todo mistério será desvelado com franqueza a Maria Madalena, que pode pedir o que quiser a Jesus (II,83). De certo modo, todas as mulheres que acompanhavam Jesus são Maria: «Maria chamava-se sua irmã, sua mãe e sua companheira» (*Evangelho de Filipe* 59,10). Mas é significativo que se refira indubitavelmente a Madalena o gnóstico *Evangelho de Maria*, no qual a oposição a Pedro soa mais radical. É Maria Madalena que «dirige ao bem» a mente dos apóstolos e que lhes comunica aquilo que o Senhor lhe manifestou em visão (e, ao vê-lo, ela não tremeu sequer por um instante!). A sombra da jovem Theotokos, do seu "medo", quase se anula na luz da Sophia. Essa luz interessa apenas ao gnóstico; o nascimento carnal perturba, intriga; amadureceu em Maria aquele corpo-trevas que Jesus deverá refinar e purificar. Paradoxalmente, por conta disso, a figura de Maria Madalena poderia parecer mais íntegra, mais virginal; certamente, é a ela que Jesus «amava mais do que a nós», como diz Levi no *Evangelho de Maria*, fazendo calar a impetuosidade de Pedro, é ela a companheira do filho (*Evangelho de Filipe* 64,1), e certamente a mãe não exerce supremacia alguma sobre o seu magistério. Ao se ler *Pistis Sophia*, a mãe de Jesus parece pura *autoctisis*: após ter semeado em Isabel a força recebida do «Pai de toda a paternidade das coisas infinitas» (136,5), a fim de que João Batista preparasse o seu caminho, Ele, *que olha para fora*, que é o mistério em seu voltar-se para o mundo aqui embaixo, encontra Maria sob a forma de Gabriel e nela *germina* a verdade na terra (62,9). Jesus traz do alto seu próprio *corpo* para *depositá-lo* em Maria.

Nessas doutrinas secretas, nesses apócrifos que só aos iluminados querem se fazer compreensíveis, não resta quase nenhum vestígio da jovem quase consternada, daquela que medita *in dubio*, da *crucificada*, mas também daquela capaz de pronunciar um Sim majestoso, verdadeira mestra da escuta de Israel. O que neles desaparece, olhando bem, é justamente a *mulher*. Sua figura, que aqui poderia parecer tão exaltada, na realidade apenas exprime, alegoricamente, a máxima tensão rumo à própria anulação, ou melhor, rumo à anulação da dualidade macho-fêmea. Se ela tem primeiramente o poder de *fazer-se macho*, ou seja, aceder a um tipo superior de vida, mas sempre dentro da dimensão material e psíquica, uma vez elevada à plenitude, à perfeição do próprio gênero, ela se eleva espiritualmente para além de qualquer diferença, laceração ou multiplicidade, a fim de exprimir, mais completamente que qualquer outra criatura, o retorno ao Uno daquela centelha de eterno que se ocultava nas trevas da individualidade. O "primado" da mulher consiste em sua obediência ao chamado, à sua vontade de tornar-se *pneûma*, substância espiritual na qual a feminilidade está destinada a desaparecer, assim como a virilidade. Entra-se no Reino somente após ter feito do macho e da fêmea um único ser, «de modo que não exista mais nem macho nem fêmea» (*Evangelho de Tomé* 22). E, nesse sentido, são os *infantes* que nele ingressam, porque ainda não provaram em si a dolorosa experiência da separação: «Quando vos despojardes sem vos envergonhar, quando depuserdes vossas roupas e as puserdes sob vossos pés, como fazem as crianças, e as pisardes, então vereis o Filho vivente sem temor algum» (37). As mulheres da gnose são o símbolo do Uno originário e estão totalmente voltadas para sua reconstituição. A divisão do *Anthropos* originário foi a causa da morte: «A morte sobreveio quando Eva foi separada dele [Adão]. Se entrar novamente nele, se ele a mantiver em si, a morte não mais existirá» (*Evangelho de Filipe* 68,20). As Marias parecem mais perfeitas que os discípulos homens porque são, essencialmente, figuras *andróginas*. Androginia espiritual, claro, mas que deve ser perseguida também através da indiferença ao corpo, da renúncia à sexualidade, da *conversão* a partir desta, justamente como Madalena ensinou. As mulheres são eleitas por conta disso, pois estão *para além do homem*, duplo, múltiplo em si, masculino e feminino. Ora, a maneira de expressar concreta e radicalmente essa superação só pode consistir em *não gerar*. A geração hílico-psíquica pressupõe, de fato, a diferença que é preciso anular. Mesmo a geração do Salvador apresenta ainda *uma sombra* que precisa ser absorvida na luz. Nesse sentido, o *Evangelho de Tomé* interpreta Lc 23,29: a profecia de Jesus, feita a caminho do Calvário às mulheres de Jerusalém («virá um dia em que se dirá: bem-aventuradas as estéreis e os ventres que não geraram») soa aqui como a resposta doutrinal à mulher que, em Lc 11,27-28, bendiz o ventre que o gestou: «bem-aventurados os que ouvem a Palavra de Deus e a observam». Observar a palavra mais alta significaria aqui, portanto, *não gerar*. Ou seja: ser perfeitamente *virgem*, como virgem e íntegro é o Uno. A virgindade do Princípio, da *Arché*, do Uno, é absoluta e, no fundo, precisamente por isso, inefável; a androginia representa a imagem da virgindade que a criatura espiritual pode alcançar, e que constitui o coração da *sophía* das mulheres.[2]

O fazer-se *anjo* é, portanto, valor e destino da mulher, fazer-se anjo para nos unir a todos os anjos, de acordo com a vontade do Salvador. Por natividade, não se deve entender nada mais que o manifestar-se do Ingênito, um momento do grande mito cosmogônico dedicado à reintegração da unidade

---

[2] Cf. Henry-Charles Puech, "Sul Vangelo di Tommaso". *In*: Henry-Charles Puech, *Sulle tracce della Gnosi*. Milão: Adelphi, 1985, p. 573-578.

do pleroma. A natividade do Logos é necessária à salvação desde a geração e desde o nascimento. O que as mulheres já sabem e que os discípulos, sobretudo Pedro, custam a reconhecer (por isso sua Igreja não será a perfeita, como a formada por anjos) é que Jesus mostra em si mesmo, em seu próprio corpo, a superação da diferença sexual, causa primeira da morte. Apenas na unidade, cada um redescobrirá a si mesmo; *por meio do conhecimento* «ele purificará a si mesmo da multiplicidade» (*Evangelho da Verdade* 25,10). A relação *simbólica*, que procuramos esboçar, entre mãe e filho e no interior de cada figura entre seus múltiplos aspectos, aprofunda-se na unidade da raiz, da qual todas as figuras são meras emanações e em que todos estão destinados a encontrar o repouso definitivo. A impositiva nostalgia pela fonte hiperurânia de luz oprime as imagens da anunciação, da natividade, da paixão e da ressurreição («Aqueles que dizem que o Senhor morreu e depois ressuscitou, enganam-se. Primeiro ele ressurgiu e depois morreu», *Evangelho de Filipe* 56,20). Maria é a anunciada *ab aeterno*; o nascimento é a geração espiritual; a Cruz, uma imagem... Eis, então, o sentido de *imagem* que aqui se afirma, e que é fácil fazer remontar a ideias centrais da *sophía* clássica: a imagem como ilusão, fantasma ou travestimento do verdadeiro significado, do qual este *último* deve ser *despojado*. Qualquer forma de gnose considera os eventos segundo tal critério, *desrealizando-os* enquanto tais. Aqui, em torno do ícone-chave de nossa era, que é constituído de mãe e filho, joga-se, portanto, uma partida decisiva. Os ícones de que falamos *pensam* a *realidade* do evento, pensam a imagem como imagem *real*. A imagem, o pôr-em-imagem, não serve aqui como um *indumentum* que oculta ou distorce o real, mas como a representação veraz da realidade do símbolo. O realismo desses ícones quer expressar a fé na *realidade* do evento que nele está pintado. Quanto mais a gnose desmaterializa, tanto mais o ícone do Ocidente *encarna*, mais pretende exprimir a realidade da encarnação do Logos na *multiplicidade* de seus momentos, de seus rostos, de seus sofrimentos. Mas como expressar o retorno desse múltiplo à luz e sua salvação, e não destruição, em um ícone? Como não perder seus traços ao pintar a vida, as partículas do eterno que re-vela em si?

O *pathos* da gnose é iconoclasta em proporção direta a sua incoercível carga mitopoética. Quanto mais exuberante parece o relato mítico, mais evidente é que nenhuma imagem estaria à altura de corresponder-lhe. Em que imagens encaixar os protagonistas da cosmologia gnóstica: Mistérios, Sabaoth, grande e pequeno Iao, *Éons*? Somente sinais, quando muito, ou hieróglifos, o mais *abstratos* possível, poderiam evocá-los ou recordá-los de alguma maneira. E é inteiramente lógico que isso aconteça, pois cada um desses nomes é apenas uma *abstração* do inteiro, um momento *abstrato* da Luz, de modo nenhum real em si e por si. O ícone, ao contrário, não é mitopoético: opera-pinta (*póiesis*) um evento real, e pressupõe que ele forme um todo com seu próprio significado. A imagem mítica exige uma representação abstrata (quando se dá a representação, o que em si não é de todo necessário); a imagem que dá vida ao ícone, ao contrário, não pode ser mítica, pois é considerada real, e ao representá-la o ícone a reflete (em todos os sentidos do termo: a observa e a escuta, sobre ela medita, a interpreta e a "traduz" em sua própria linguagem). A era é marcada pela sístole e pela diástole dessas duas grandes correntes. É civilização da imagem *ab imis fundamentis* — mas de qual imagem se trata? Da imagem *abstrata*, que indica precisamente, enquanto tal, o caráter esquivo do verdadeiramente real, ou daquela que pinta-representa como essencial o próprio parecer? O ícone crê na essencialidade dos momentos e das vicissitudes da vida de Jesus, no caráter não-mítico de sua narrativa e assume sua forma a partir dessa fé. Se o caráter singular daqueles momentos se dissolve, se eles se desfazem no oceano de um grande *mýthos*, cuja verdade íntima pode ser decifrada apenas através do Logos, o ícone torna-se engano, erro, mentira, pior que imagem. Mas é possível discernir claramente as duas correntes no interior da era cristã?

Para o gnóstico, as imagens representam o sinal da revelação da luz da verdade; a sombra é o que o revelar-se dessa luz deve eliminar. Cada figura vale, para ele, exclusivamente enquanto *lumen de Lumine*, enquanto suprime em si a própria individualidade abstrata da luz. Cada elemento que venha a ofuscar a integridade, a *virgindade* da luz, deve primeiramente ser purificado e, depois, removido. Peripécia meta-histórica, que obriga a um uso extremo da abordagem alegórica para o mesmo relato evangélico. A natividade não significa outra coisa senão o "encarnar-se" do Logos em quem for capaz de acolhê-lo e de se transformar, assim, em *essência espiritual*. Isso acontece no tempo e fora do tempo, simultaneamente: é sim um *nunc*, mas eterno, uma hora que se coloca eternamente. Apenas nisso pode consistir a realidade da encarnação. E acolher, dar espaço na própria alma ao Logos, quer dizer gerá-lo.

Gerá-lo virginalmente, como Maria. A geração *de Maria* é modelo, *exemplum*, da geração de Deus na alma e, portanto, não representa em si nada de singular. «Devo ser Maria e fazer com que Deus nasça por mim mesmo»; «De que me serve, Gabriel, a tua saudação a Maria, se não tens a mesma mensagem para mim?»; «Se te tornas apto a isso, então a cada instante Deus gera seu Filho em ti como sobre o seu próprio trono». Assim é o Angelus Silesius,[3] segundo uma tradição que remonta ininterrupta à gnose, ao confronto-encontro de Orígenes com ela, gradualmente, passando por aspectos fundamentais do misticismo medieval até Meister Eckhart e os grandes sermões em que aparece a "ideia" de Maria.[4] Retorna aqui também o motivo da androginia: a virgindade de Maria adquire seu valor enquanto sinal de uma condição originária, anterior à sexualidade e, portanto, à *pena* de procriar. A geração do Logos *contradiz* as formas da geração terrena, sua

---

3   Cf. a tradução italiana de *Il pellegrino cherubico*, com a importante introdução de Giovanna Fozzer e Marco Vannini (Milão: San Paolo, 1989).

4   Cf., em particular, os *Sermões* 14, 23 e 87 da edição de Quint e Steer, traduzidos por Marco Vannini: Meister Eckhart, *I sermoni*. Milão: Paoline, 2002. [cf. em edição brasileira: Mestre Eckhart, *Sermões alemães*. Tradução de Enio Paulo Giachini. Petrópolis: Vozes, 2009. 2 v.].

realidade é puramente espiritual e prefigura a condição celeste em que não haverá nem macho, nem fêmea e, por isso, nem procriação. Assim, também em Böhme.[5] No entanto, o ícone pinta *essa* jovem, virgem porque íntegra em seu próprio receber em si, não "ocupada" por nada que não seja a vontade de acolher, jovem que efetivamente não percebe no procriar uma pena, mas sofre o destino do filho que gerou e que ama; o ícone representa uma relação entre mãe e filho, na qual macho e fêmea permanecem indelevelmente marcados, em que a unidade do símbolo é unidade de contrários e de diferentes momentos no interior de cada um, e o sofrimento que custa "salvá-la" nunca está oculto; pelo contrário, ele constitui seu próprio coração vivente. No ícone, o sinal da Cruz está no centro da própria natividade, e a ressurreição segue-se verdadeiramente à morte real. Para a gnose, tudo parece pré-julgado; no ícone, no entanto, o juízo-*krísis* só pode vir no final do drama. Seus momentos são irredutíveis a símbolos abstratos: Cruz é Crucifixo, é a natividade, é a presença *in itinere* dessa jovem com seu menino.

5   Cf. Flávio Cuniberto, *Jakob Böhme*. Brescia: Morcelliana, 2000, p. 136-137. Nikolai Berdiaev insiste sobre essa doutrina em *Böhme* e sua importância prevalece em sua obra-prima *Il senso della creazione*. Trad. italiana de A. Dell'Asta (Milão: Jaca Book, 1994; 1ª ed., 1915).

A própria realidade é simbólica. O mito não tem a ver com figuras reais, pois as pensa apenas como imagens; o ícone faz delas imagens porque *pensa* que sua realidade terrena seja simbólica.

IX.

SOPHIA

No espelho do ícone, Maria não é céu, mas *terra* do céu.[1] Se a geração que nela se cumpre é a do filho que o Pai eternamente gera, então que imagem desse *ato* poderá corresponder a seu significado? Eterna alma *virgem* que acolhe e gera; do *nunc aeternum* em que ela opera se dá apenas a intelecção; será lícita apenas uma leitura metafórica ou alegórica de cada imagem "corporal". Maria, então, desaparece no símbolo, e não o símbolo que se encarna em Maria. Mas o símbolo é propriamente símbolo apenas quando exprime *céu e terra* em um só. Ninguém melhor que Pavel Florenskij procurou corresponder a essa exigência com a sua doutrina da *Sofia*, contida na décima carta de *A coluna e o fundamento*

---

[1] Cf. Enzo Bianchi, *Maria, terra del cielo: Introdução a Maria*. Ed. Comunidade de Bose, Milão: Mondadori, 2000.

da verdade.² Uma ideia *absoluta* do relativo só é concebível como a ideia que Deus possui dele — porque é a ideia da concatenação de todos os relativos, de todos os entes não predicáveis, senão em sua recíproca relação e dependência, na causa ou substância que é Deus. Presume-se que seja possível alcançar tal ideia caso afirme-se a geração do Logos *na alma*. A nossa pode ser, contudo, uma ideia relativa do Absoluto e, portanto, uma ideia no sentido etimológico do termo: considerá-lo segundo nosso olhar, dentro dos limites de nossa visão, de novo; colocá-lo em imagem. Esse é precisamente o olhar do iconógrafo, o olhar que "salva" em si mesmo a forma da criatura (vê e medita sobre sua beleza), transformando-a, mostrando, *actu*, sua proveniência luminosa, a pátria celeste. Para Florenskij, o espírito do ícone opõe-se a qualquer especulação metafísica, a todo *gnosticismo* em geral: tal espírito «não é de fato o da teologia»; ele representa «uma experiência viva, um dado religioso definível *a posteriori* e não *a priori*,

---

2 Natalino Valentini, a quem na Itália se devem os estudos mais amplos sobre Florenskij, organizou uma nova edição (Milão, 2016) depois da benemérita de Zolla (1974), que foi a primeira fora da Rússia. Do mesmo Valentini, mencione-se a monografia *La sapienza d'amore* (Bolonha, s.d.). Sobre o problema específico da Sophia, cf. Silvano Tagliagambe, *Florenskij* (Milão, 2006, cap. 11).

com a humildade da aceitação e não com a soberba da construção».

A consideração da figura de Maria é um teste para essa perspectiva. A singularidade extraordinária da mulher, *dessa* mulher, na economia da Revelação, deve ser mantida de todas as maneiras, sob pena de espiritualizar a própria ideia de encarnação; e, ainda assim, não pode esconder sua raiz plantada no alto do ser, do seu *Da-sein*. É preciso compreender o caráter *sobre-natural* dessa figura, em que o *sobre* transfigura, opera a metamorfose, eleva o natural, e não o cancela. "Onde" se coloca aquela raiz? Na Mãe-Sophia. Ela é *criada*, é o primeiro ser *fora* da relação trinitária, *grande raiz* de toda a criação. A energia criadora pertence ao Logos, é *una* Nele, mas Ele faz com que todos os seres dela participem através da Sophia. A Mãe-Sophia *multiplica* a força criativa do Logos, fazendo com que, dela, todo ente obtenha vida. Subsiste, portanto, um vínculo *esponsal* entre Logos e Sophia, e o múltiplo nasce justamente dessa união. Por outro lado, uma vez que Sophia é inseparável do poder do Logos, ela provém do Pai assim como Ele, e por isso é sua irmã. Para todos os entes, reunidos à sombra de seu manto estrelado (como nas imagens da Misericórdia), ela é, enfim, a mãe. E a geração da multiplicidade dos entes não pode se dar sem essa mãe, criada como todas as mães que são sua imagem, embora concilie em seu símbolo a condição de esposa e irmã. É evidente que apenas essas relações, na unidade do símbolo, podem explicar adequadamente a riqueza e a complexidade da iconologia mariana: eis a Sophia celeste, eis, ao mesmo tempo, a mãe do filho, a quem o filho confia a custódia dos herdeiros ainda *népioi*, *infantes*, eis a jovem mãe e irmã, que *cuida* do menino, e eis, por fim, a esposa escatológica do próprio filho.

A Sophia não representa, portanto, outra *pessoa* ao lado do Deus-Trinitas e, no entanto, participa tão intimamente do amor que o torna Uno ao ponto de imprimir seu selo sobre as criaturas. A Sophia, em suma, não é *consubstancial*, mas penetra, por suas "núpcias" com o Logos, no mistério do amor intradivino, comunica-se a ele, mesmo que *não* possa ser esse mesmo amor, e deixa, porém, sua imagem na face da criatura. Imagem real que o ícone deve saber colher. A Sophia é a grande mediatriz. *Senhora mediatriz*, de nenhum modo passível de ser confundida em um abstrato e ideal *metaxý*, assim como de nenhum modo é passível de ser absorvida na relação intradivina. Estranha a toda fascinação andrógina, a unidade do Deus-Trinitas é o *sejamos* Uno. A presença de Sophia no e com o Logos afirma que, no íntimo desse "sejamos", eles *são* macho e fêmea, jovem e menino, mãe e filho. Ora, a "criatura" Sophia se encarnou perfeitamente em Maria; seu selo é a própria Maria. A obra de divinização da criatura manifesta-se *actu* na mulher "cheia de graça". Maria, «humilde em sua pureza, pura em sua imutável humildade», representa, assim, o perfeito *fazer-se carne* de Sophia. É a ideia relativa do Absoluto a mais alta que pode ser alcançada pelo relativo, porque é manifestação, e não simplesmente re-velação, do *primeiro ser criado* fora do Deus-Trinitas. Subsiste, portanto, uma analogia, no sentido mais forte, entre o manifestar-se de Sophia em Maria e a encarnação do Logos. A relação entre Logos e Sophia não poderia, de fato, reduzir-se a uma "dialética celeste"; se o Logos se faz carne, isso não pode acontecer senão através de e por obra da Mãe-Sophia, mas Sophia é a Mãe de todos os entes, e, portanto, é necessário que sua perfeita imagem, infinitamente mais que um símile, mas imagem real, O acolha em mente, coração e vísceras. Em Maria, o mundo celeste *beija* o terreno. Esse é o significado do ícone, particularmente o da *glykophiloûsa*. O mundo celeste, no entanto, que se expressa através da Sophia-mãe *posta em imagem real* por Maria, aqui beija o filho que é Deus. E beija ao mesmo tempo o irmão e o marido. A vida intradivina se harmoniza plenamente em si mesma, cumpre-se, compreendendo em si todo o criatural e o terreno, transformando-o em sua luz.

Um «doce beijo» é como o chama Florenskij, aparição na terra da última morada, da Jerusalém celeste. Visão salvífica da beleza do criado, fonte de alegria. Era tão doce assim a carícia das Marias de Mantegna e Bellini? Talvez o fosse ainda mais, em seu silencioso transitar da resignação ao inconsolável. Doce carícia em seu próprio revelar do drama, da angústia. Não, decerto, aquela *dulcedo* que retém todos os sentidos no instante da *unio mystica*. Aqui, o selo divino de Sophia é o mesmo da Cruz. Que alegria dá a Maria seu elevar-se? Maria Imaculada? Sim, mas certamente não *sine ruga* é a idosa aos pés da Cruz de Masaccio. Que ícone, então? A Sophia divina que é esposa do Logos irradia sobre Maria e João Batista, anunciando-lhes com alegria a vinda Dele? A mulher angelizada, em quem Sophia se manifestou e de quem o Logos se compraz de nascer? A Theotokos, que protege o filho no íntimo do coração e edifica a própria Igreja («virgem pela castidade e mãe pela prole», como diz Ambrósio)? Ou os ícones das sombreadas perspectivas do Ocidente, em que a ternura soa como presságio de abandono, em que Sophia ensina o modo como uma única "festa" conjuga natividade e paixão, e cuja própria fé, por vezes, parece vacilar? Dramáticas distâncias que nenhuma simples dialética consegue preencher. Distância que, de maneira alguma, é separação abstrata. Apenas *nela* é compreensível o símbolo de Maria.

X.

A IDADE DO FILHO

Maria é Deípara. Gabriel o anunciou. Escutando-o, a jovem decerto percebeu o "excesso" daquele evento, mesmo sem compreender-lhe o significado. E quem o poderia? O filho que ela gera não é um filho, é o Senhor: João Batista testemunha isso desde o ventre de Ana. O filho que amadurece em Maria é *o Filho*. Sua relação com ele define sua relação com o divino; essa mãe e esse filho *decidem* juntos a inteira relação com o divino própria da Era que sua imagem inaugura.[1]

Um Logos simplesmente preexistente? Uma mãe-Sophia? Emblemas de uma incorruptível e eterna vida intradivina que se expressa em sua beleza salvífica? Nossa imagem representa a mulher que

---

[1] Essas considerações sobre o ícone de Maria e o menino vêm também para completar aquelas sobre a Idade do filho contidas em Massimo Cacciari, *Dell'Inizio* (Milão, Adelphi, 1990, nova ed. 2001).

envelhece meditando e sofrendo em torno ao destino do filho. Um *deus adveniens* lhe foi anunciado — e ela consentiu gerá-lo. Ela deseja que seu filho seja aquele Adveniens. O filho é *sua carne*, nela amadurecida e por ela nutrida. Nenhum Logos poderia tornar-se carne por si mesmo. Esse filho é à *sua imagem*. E, contudo, é o que deve ser, o que será, o que "está fora" de todo limite ou relação precedente, portador de uma *caritas* violenta que «*amorem prolis, uxoris affectum trascendit vel exstinguit, insuper et animam suam in odium vertit*»[2] (Ricardo de São Vitor). Assim, no exato momento em que o estreita docemente a si, sente também a piedade por ele e por si própria, pois se dá conta de que irá perdê-lo. Queria mantê-lo consigo, mas eis que é como se já o tivessem arrancado. Acabou de nascer, mas já está como que deposto sobre seu ventre. Nesse *puer-pauper* deitado no chão nu (a *Adoração* de van der Goes, na Galleria degli Uffizi), ela pressente o silêncio do sepulcro. A consciência de tal destino está no olhar do próprio menino que abençoa (o Bellini, da Galleria dell'Accademia), no entanto, está *claro* — ela o *vê* ainda antes de compreendê-lo — que esse menino *inaugura*, que sua epifania é o evento que *decide*

---

2   «transcende ou extingue o amor do filho e o afeto da esposa, e até mesmo sua alma direciona ao ódio» [N. E.].

tanto o tempo do eterno retorno como o do ininterrupto, é o vão fluir. Ao indicá-lo como o caminho, ela mostra e testemunha a era, o Evo, que se inicia como a do filho. E o filho não é realmente tal se não *pela m*ãe. Unidos *na carne*, eles expressam *juntos* o esvaziar-se do divino, enquanto extrema e insuperável *revelação* de sua essência. E em seus traços, então, deverão simbolizar-se *kenosi, humilitas* e, até mesmo, melancolia e consciência de serem invencíveis na mesma pena e valor escatológico de sua própria manifestação terrena.

O Logos não se faz simplesmente carne por si só, nem essa mulher é outra coisa que não o emblema da alma que, grávida instantaneamente de Deus, O gera. Em ambos os casos, a encarnação do Logos *desencarna* Maria. O menino que a mulher protege a *fim de que se vá* é, decerto, *pròs tòn theón*, provém de Deus, está junto de Deus e a Deus retornará, mesmo que envolto em panos. Mas apenas na *terra* fecunda e consciente que ela, de antemão, preparou-lhe, poderia amadurecer e manifestar-se em realidade. Até onde? Maria pergunta. Até morrer? Por acaso vem de mim seu ser mortal? É isso que lhe deixo de herança? Porque Maria escutou as palavras do anjo, e estas não lhe anunciavam o sinal da Cruz. O seu tão poderoso com-padecer extrai força também dessa pergunta que, em seu coração, ela medita. A morte de Deus passa através de seu Sim. Cheia dessa graça que *flagela*, uma só carne com o filho, ela participa de seu destino — mas nunca se esquece de que ele é o *Adveniens*. Suas imagens o indicam de todos os modos, tanto as alegres quanto as mais melancólicas e mais trágicas. A sua Cruz — a Cruz de ambos — é o fim apenas para ser o início, sendo ela própria *anástasis*. Fim de uma era e abertura de outra radicalmente nova, na qual o filho, *humilitas* e violenta *caritas* ao mesmo tempo, torna-se a única imagem real, a única re-velação do Deus ignoto.

O filho e a mãe; indissoluvelmente ligado a ela justamente em seu partir. Juntas, suas figuras subtraem os filhos a toda onipotência divina e, no mesmo momento, impedem-lhes a via da antiga *patria potestas*. Nesse sentido, Hölderlin lhes suplicava: «A ti Madona/ e ao Filho, mas também aos outros,/ para que não como a servos/ à força o seu nos tomem/ os Deuses». Os Deuses «das ihre nehmen»: o seu *nomos* primeiro toma em seu poder e, depois, atribui e distribui. Esse *nomos* é perturbado para sempre pela aparição do símbolo do Filho e da Mãe. O Pai se encarnou para sempre no *tornar-se* do Filho, do *nepios* à sombra da jovem, ao Crucifixo, ao longo de todas as estações de seu calvário. E se por acaso vier a renascer, poderá apenas a partir dela; se por acaso vier a ressurgir, ressurgirá nele somente.

CADERNO DE IMAGENS

1. Simone Martini e Lippo Memmi, *A Anunciação*, detalhe, 1333, Florença, Galleria degli Uffizi.

2. Piero della Francesca, *A lenda da cruz. Anunciação*, 1452, Arezzo, Basilica di San Francesco.

3. Fra Angelico, *Anunciação da cela 3 de São Marcos*, 1438-40, Florença, Museo di San Marco.

4. Fra Angelico, *Anunciação*, 1438-40, Florença, Museo di San Marco.

5. Andea Mantegna, *Madona com o Menino adormecido*, 1490-1500, Milão, Museo Poldi Pezzoli.

6. Andea Mantegna, *Madona com o Menino adormecido*, 1465-70, Berlim, Gemäldegaleria, Staatliche Museen.

7. Giovanni Bellini, *Madona com o Menino*, 1510, Milão, Pinacoteca di Brera.

8. Giovanni Bellini, *Madona com o Menino que abençoa*, 1475-79, Veneza, Galleria dell'Accademia.

9. Giovanni Bellini, *Pietà*, 1505, Veneza, Galleria dell'Accademia.

10. Rogier van der Weyden, *A Deposição da Cruz*, 1435, Madri, Museo del Prado.

11. Masaccio, *Trindade*, 1425-27, Florença, Basílica di Santa Maria Novella

Créditos

Fig. 1 © 2017. Foto Scala, Florença — sob concessão do Ministero per i Beni e Attività Culturali e del Turismo.

Fig. 2 © 2017. Foto Scala, Florença — sob concessão do Ministero per i Beni e Attività Culturali e del Turismo.

Fig. 5 © 2017. Foto Scala, Florença.

Fig. 6 © 2017. Foto Scala, Florença/ bpk, Bildagentur fuer Kunst, Kultur und Geschichte, Berlin.

Fig. 7 © 2017. Foto Scala, Florença — sob concessão do Ministero per i Beni e Attività Culturali e del Turismo.

Fig. 8 © 2017. Foto Scala, Florença — sob concessão do Ministero per i Beni e Attività Culturali e del Turismo.

Fig. 9 © 2017. Cameraphoto/Scala, Florença — Foto Scala, Florença — sob concessão do Ministero per i Beni e Attività Culturali e del Turismo.

Fig. 10 © 2017. Copyright imagem Museu Nacional del Prado © Photo MNP / Scala, Florença.

PRE TEXTOS

1 Massimo Cacciari
Duplo retrato
2 Massimo Cacciari
Três ícones
3 Giorgio Agamben
A Igreja e o Reino
4 Arnold I. Davidson, Emmanuel Lévinas, Robert Musil
Reflexões sobre o nacional-socialismo
5 Massimo Cacciari
O poder que freia
6 Arnold I. Davidson
O surgimento da sexualidade
7 Massimo Cacciari
Labirinto filosófico
8 Giorgio Agamben
Studiolo
9 Vinicius Nicastro Honesko
Ensaios sobre o sensível
10 Laura Erber
O artista improdutivo
11 Giorgio Agamben
Quando a casa queima
12 Pico della Mirandola
Discurso sobre a dignidade do homem
13 João Pereira Coutinho
Edmund Burke — A virtude da consistência
14 Donatella Di Cesare
Marranos — O outro do outro
15 Massimo Cacciari
Gerar Deus

Composto em Noe Text   Impresso pela gráfica Formato   Belo Horizonte, 2021